AI 정책의 딜레마

AI문고

인공지능 시대입니다. 기계가 인간의 인지를 대신하고, 사물이 인간을 통하지 않고 다른 사물과 직접 커뮤니케이션합니다. 이에 따른 인간 삶과 문명 변화를 정확히 이해·예측·대응하는 것은 이 시대 우리 모두의 과제입니다. AI문고는 인공지능 기술과 환경의 여러 주제를 10가지 키워드로 정리합니다. 관련 개념과 이론, 학계와 산업계의 쟁점, 우리 일상의 변화를 다룹니다. 인간과 기술의 현재, 미래를 세심히 분석합니다.

일러두기

- 인명, 작품명, 저서명, 개념어 등은 한글과 함께 괄호 안에 해당 국가의 원어를 병기했습니다.
- 외래어 표기는 현행 어문규정의 외래어표기법을 따랐습니다.
- 이 책의 내용은 저자의 개인적인 학문적 의견이며 소속 기관의 견해가 아님을 밝혀 둡니다.

처음이세요?

전문가세요?

AI 정책의 딜레마

손창용

대한민국, 서울, 커뮤니케이션북스, 2025

AI 정책의 딜레마

지은이 손창용
펴낸이 박영률

초판 1쇄 펴낸날 2025년 6월 30일

커뮤니케이션북스(주)
출판 등록 2007년 8월 17일 제313-2007-000166호
02880 서울시 성북구 성북로 5-11
전화(02) 7474 001, 팩스(02) 736 5047
commbooks@commbooks.com
www.commbooks.com

ISBN 979-11-430-0062-0 03500

책값은 뒤표지에 표시되어 있습니다.

차례

AI와 불확실성

학문적으로 딜레마는 '선택해야 할 길은 두 가지 중 하나로 정해져 있는데, 그 어느 쪽을 선택해도 바람직하지 못한 결과가 나오게 되는 곤란한 상황'으로 정의한다.

인공지능(AI)의 확산은 인간에 대한 수많은 고민과 이정표의 길목에서 선택을 강요하고 있다. 개인은 대중화되고 있는 생성형 AI(챗GPT)와 같은 기능을 사용할 것인가? AI가 장밋빛 미래를 제시하는 환경에서 AI 기업에 투자를 할 것인가? AI와 로봇 도입이 목표로 하는 생산성과 효율성을 달성할 수 있을 것인가? 국가와 정부는 일상화되는 AI 기술에 대한 정책을 어떻게 수립해야 국민의 안전과 국익을 도모할 것인가? 모든 것이 딜레마의 상황이다.

2025년 2월 파리에서 개최한 'AI 행동 정상 회담'에서 테크 기업 대표들은 AI의 순기능을 제시했다. 알파벳(Alphabet) 대표 순다르 피차이(Sundar Pichai)는 "AI는 우리 인생에서 가장 큰 변화가 될 것입니다"라고 말했다. 한편 앤트로픽(Anthropic)의 최고 경영자 다리노 아모데이(Dario Amodei)는 "인류 역사상 가장 큰 글로벌 노동 시장 변화"로 이어질 것이라고 말했다. 한편 오픈AI(OpenAI)의 샘 올트먼(Sam Altman)은 블로그를 통해 "10년 안에 지구상의 모든 사람이 오늘날 가장 영향력 있는 사람보다 더 많은 것을 성취할 수 있을 것입니다"라고 포스팅했다. 올트먼의 예측은 대형 언어 모델(large language model, LLM)이 2020년대 초에 처음 인기를 얻었을 당시 경제학자와 대표들이 이 모델과 다른 AI 도구가 경쟁 환경을 평준화하고 저숙련 근로자가 가장 큰 혜택을 볼 것이라고 기대했던 바와 맞닿아 있다. 칩 설계 기업인 엔비디아(NVIDIA)의 최고 경영자 젠슨 황(Jensen Huang)은 근로자 모두가 "AI 에이전트(AI Agent)의 CEO가 되는" 미래를 전망했다.

한편 파리 정상 회의는 중국, 인도를 비롯해 60개국이 공동으로 참여한 '인류와 지구를 위한 포용적이고 지속 가능한 AI에 대한 선언문'을 채택했다. 파리 선언문은 AI가 추구해야 할 목표로 공익과 지속 가능성을 제시하고, 이를 달성하기 위해 구체적인 행동을 개시하자는 의지를 담았다. 구체적으로 살펴보면, '공공의 이익을 위한 AI 플랫폼 및 인큐베이터 출범', '환경적 지속 가능성을 위한 AI 에너지 관측소 설립', '일자리에 대한 AI 영향 관측 네트워크' 등이 제시됐다.

그러나 AI에 대한 국제 사회와 테크 기업의 노력에도 불구하고 AI는 국가 간(선진국과 개도국) 사회 구성원 간(노동 시장과 개인별 역량) 격차를 심화하고 새로운 사회 문제를 유발할 수 있다는 주장도 주목받고 있다. 극단적으로 AI로 인한 '인간 노동의 대체'와 '인간의 멸종'을 주장하기도 한다.

최근 AI의 급속한 확산 속에서 인간은 선택과 갈등의 길목에 서 있다. 특히 한정된 재원과 기술이라는 불확실 속에서 AI의 거버넌스와 정책은 수많은 공적 영역에서 딜레마를 야기하고 있다. 기술의 도움에도 불구하고 완벽하지 않은 인간의 한계는 무한한 가능성을 제시하는 기술 앞에서 선택의 기로에 놓여 있다. AI에 어떻게 접근해야 새로운 가치를 창출하고 사회적 변화를 도모할 수 있을 것인가? 이러한 가장 기본적인 명제 앞에 이 책은 필자가 선택한 AI의 공적 딜레마를 분석한다. 구체적으로 AI의 보편적 확산에 따라 공익(public sphere)을 지향하는 국가와 국제기구의 공적 책무를 수행과는 과정에서 직면하게 되는 주요 딜레마를 분석한다.

경쟁과 갈등

AI란 인간의 학습 능력, 추론 능력, 지각 능력, 자연 언어 이해 능력 등을 컴퓨터 프로그램으로 실현한 기술이다. AI 기술은 인간 또는 동물의 지능이 컴퓨터로 정밀하게 모사될 수 있다는 생각에 기반을 두고, 자연어 처리, 인간과 기기 간 상호 작용, 데이터 분석, 예측 활용, 제조, 의료, 복지 등 다양한 분야에서 로봇과 결합해 적용되고 있다.

유엔(UN)을 비롯하여 국제전기통신연합(ITU), 유네스코(UNESCO), G7, G20, 경제협력개발기구(OECD), 아세안(ASEAN) 등 국제기구에서는 AI를 둘러싼 논의를 활발히 전개하고 있다. 2023년 G7의 '히로시마 프로세스', 2024년 UN 총회 AI 결의안 등 AI 글로벌 거버넌스 논의가 본격화되는 가운데 한국에서는 2024년 'AI 서울 정상 회의'를 개최했다. 시장에서는 AI를 새로운 성장 동력으로, 학계에서는 새로운 연구 분야로 주목하고 있다. 기업은 AI 분야에 경쟁적으로 투자 계획을 발표하고, 국가들은 AI를 국가 성장과 혁신의 핵심 동력으로 삼고 다양한 전략을 발표하고 있다. 그러나 AI의 낙관론과 잠재성에도 불구하고 국익과 공익을 위한 최선이 정책은 무엇인가 하는 근본적인 질문은 여전히 남아 있다.

자유 시장주의자들은 AI가 혁신 기술을 담보하고 지속 성장을 위해서는 시장에 그 기능을 부여하고 스스로 통제할 수 있어야 한다고 주장한다. 경험적으로 신기술과 기계가 사회에 미치는 부작용과 시장 실패의 사례들을 강조하는 입장에서는, 시장만으로는 AI의 역기능을 충분히 통제할 수 없기 때문에 국가의 개입이 불가피하다고 본다. 다른 한편에서는 AI의 혁신성을 지속하기 위해 규제는 최소화되어야 한다고 주장한다.

이 같은 상반되는 주장이 공존하는 가운데, 불확실한 AI를 사회적 규범 안으로 수용하는 방안을 놓고 수많은 갈등과 논쟁이 이어지고 있다. 특히 AI의 윤리성(ethics), 책임성(accountability), 투명성(transparent), 안정성(safety), 위험성(risk), 다양성(diversity), 인권(human right) 등 AI 기술이 사회에 미치는 영향과 관련해 학자, 국가, 사회 등 각 영역에서 다양한 주장을 제시하고 있다.

한편 전통적으로 자유 시장과 민주주의 가치를 강조하는 미국, 유럽연합(EU)이라는 공동체와 공익을 중요시하는 유럽, 다양한 문화권과 신흥국이 공존하는 아시아, 정보 통신 강국으로 부상하는 한국 등은 공통적이지만 차별화된 AI 거버넌스를 고민하고 있다. 이 책은 국가

별, 지역별로 상이한 AI 접근 방식에 주목해 AI가 제기하는 주요 딜레마에 대한 논쟁을 분석하고 국가 간 차별적인 모델을 분석한다.

참고문헌

구혁(2025.2.12). 3차 AI정상 회담 폐막…60개국 '지속가능한 AI'선언문발표. ≪문화일보≫, https://www.munhwa.com/news/view.html?no=2025021201039905098001

김정곤 · 나승권 · 장한별(2025). 파리 AI 행동 정상회의 주요 결과와 시사점: 포용적 AI를 위한 국제협력 방향. 대외경제정책연구원.

Korea Times(2025). Trump's AI ambition and China's DeepSeek overshadow an AI summit in Paris(AP), https://www.koreatimes.co.kr/world/20250209/trumps-ai-ambition-and-chinas-deepseek-overshadow-an-ai-summit-in-paris

Stanford University HAI(2025). AI Action Summit in Paris highlights a shifting policy landscape, https://hai.stanford.edu/news/ai-action-summit-in-paris-highlights-a-shifting-policy-landscape

The Economist(2025). How AI will divide the best from the rest, https://www.economist.com/finance-and-economics/2025/02/13/how-ai-will-divide-the-best-from-the-rest

01
AI와 신질서의 딜레마

AI 기술에 관한 패권 경쟁, 특히 미국과 중국의 대립은 신냉전 구도를 형성하고 있다. 최근 양국의 AI와 첨단 산업 분야의 경쟁과 갈등은 기술 혁신의 과제에서 국가 산업 전략과 국가 안보의 문제로 확대되고 있다.

AI와 1인 창업?

디지털과 경쟁 구조

AI 기술에 관한 미국과 중국의 대립은 신냉전 구도를 형성하고 국제 질서를 변화시키는 촉매제가 되고 있다. 양국의 AI 패권 다툼은 인터넷 운영 체계(OS), 인터넷의 개방과 차단, 반도체 시장의 수출입 금지와 혁신, 그리고 AI 경쟁으로 변화하고 있다. AI 분야에서 양국의 경쟁과 갈등은 기술 경쟁을 넘어 반도체와 같은 주요 산업의 선점과 관세 전쟁 등 국제 정치와 외교의 문제로 확장되고 있다. 특히 양국의 경쟁은 AI의 안전(safety) 문제에서 국가 안보(safety) 의제로 확산하고 있다.

2018년 미국이 중국산 제품에 관세를 부과하면서 본격화된 양국 간 갈등은 화웨이(5G 제품)의 혁신적 제품을 중심으로 한 기술 규제로 이어졌다. 도널드 트럼프 1기 행정부는 미국의 디지털 분야 핵심 기술의 선점을 '미국을 다시 위대하게' 만드는 필수 조건으로 인식했다. 2019년 트럼프 대통령은 정보 통신 기술 및 서비스 공급망 확보에 관한 행정 명령에 서명하고, 그해 5월 미국 상무부는 화웨이와 68개의 자회사를 제재 리스트에 포함했다. 그러면서 트럼프 행정부는 자국의 안보를 이유로 화웨이를 향한 직접적인 규제를 가시화했다.

21세기 양국의 디지털 분야의 패권 경쟁은 미국이 국

제적 규범 질서의 전환기에 주도권을 유지하고 중국에 새로운 규범과 질서를 강제하는 것으로 설명할 수 있다. 20세기 국제 질서를 주도한 미국은 최근 중국이 신기술과 경제 성장을 바탕으로 자국이 그동안 공고하게 유지해 온 글로벌 주도권을 위협하는 것으로 인식하고 있다. 패권 국가 미국이 현재의 질서를 유리한 방향으로 유지하기 위한 전략의 일환으로, 안보적 · 경제적 · 기술적 이유를 내세워 중국 제품에 대한 관세와 수출입 금지 등을 추진하고 있다.

한국을 비롯한 국가들이 미중 패권 경쟁에 주목할 수밖에 없는 이유는 이들의 치열한 경쟁이 신국제 질서 구조를 형성하고, 글로벌 산업 질서를 재편할 가능성이 높기 때문이다. 2025년 반도체 분야에 대한 양국의 혁신과 경쟁, 수출입 통제 등이 한국 반도체 공급망 구조와 주요 기업에 심각한 영향을 미치고 있는 것이 대표적인 사례다.

한국은 경제 구조상 미중 의존도가 높고, 디지털 분야의 수출입 비중 또한 양국에 집중되어 있어 양국의 관세 전쟁과 각종 제재, 통제, 금지 등은 한국 경제에 직접적인 영향을 미친다. 따라서 AI라는 기술의 혁신과 경제적 효과를 고려하면 신냉전의 국제 정세가 한국 경제에 미치는 영향은 분명하다.

역사적으로 양국의 디지털 패권 경쟁은 3단계로 진행되었다. 1단계는 소프트웨어 분야에서 2000년대 리눅스와 운영 체제 경쟁 속에서 미국의 주도와 중국의 대응으로 나타났다. 미국을 기반으로 하는 글로벌 기업, 즉 IBM, 마이크로소프트(MS), 애플(Apple) 등이 정보화 시대를 주도했다. 특히, MS의 운영 체계인 윈도(Windows)와 인텔(Intel) 간의 기술 협력은 미국이 글로벌 패권을 주도하는 데 큰 역할을 했다. 반면 냉전 이후 미국의 글로벌 주도권 속에서 중국은 1990년대부터 PC 영역에서 독자적인 표준의 기회를 리눅스(Linux)로 인식하고, 미국 중심의 윈도 운영 체계에 대한 대항마로 리눅스의 확산에 노력을 기울였다.

2단계는 인터넷 분야에서 상대적으로 '개방과 자유'라는 미국의 가치와 '통제와 규제'라는 중국의 가치가 대결하는 양상을 보였다. 21세기 인터넷은 기존의 물리적 공간을 중심으로 한 여론 형성을 사이버 공간으로 전환하는 데 결정적 역할을 했다. 그러나 인터넷의 확산과 보편화 과정에서 양국의 철학적 차이는 인터넷의 부작용과 규제 속에서 상반되게 나타났다. 대표적으로 중국은 인터넷상의 유해한 정보는 국가와 사회의 안정을 위해 검

열 · 통제가 불가피하다고 주장했다. 아울러 인터넷상의 '국가의 주권'은 존중되어야 하며 건전한 사회를 위해 국가의 역할은 정당화될 수 있다고 주장했다. '인터넷 만리장성' 개념과 인터넷 검열에 대한 정당성이 강조되었고, 중국의 인터넷 정책과 제도에 대한 외부 비판을 주권 국가에 대한 간섭이라고 주장했다. 반면 자유 시장과 민주주의 가치를 존중하는 미국은 인터넷에 관한 국가의 간섭은 최소화되어야 하며 인터넷의 자유는 인권과 언론의 자유로서 존중되어야 한다는 원칙을 고수했다.

AI 패권 전쟁

3단계는 AI 분야의 양국 간 패권 전쟁이다. 최근 4차 산업 혁명의 핵심인 AI 기술이 주목받으면서 미중 간 AI 기술 패권을 둘러싼 도전과 견제가 급부상하고 있다. 첨단기술을 중심으로 복잡하게 전개되는 미중 간 패권 경쟁은 몇 가지 특징을 보인다.

첫째, 기술 규제와 갈등이 지속적으로 확장되고 있다. 소프트웨어 기술을 둘러싸고 전개되는 미중 갈등은 과거 운영 체계 경쟁에서 인터넷, 그리고 최근 AI 경쟁으로 갈등의 양상이 변화해 왔다. 향후에는 보다 광범위한 영역으로 확산할 가능성이 높다. 특히, AI 기술은 급속한 전파력과 모든 산업에 걸쳐 보편적으로 적용되는 특징을 가지고 있기 때문에 미중 간의 AI 패권 경쟁과 갈등은 보다 복잡해지고 전 산업으로 확장될 가능성이 크다.

둘째, 양국 간 AI 경쟁은 경제와 무역의 문제에서 국가 안보와 외교의 문제로 진화하고 있다. 양국 간 갈등이 장기화할수록 미국과 동맹국의 연대와 중국과 개도국의 연대는 글로벌 신질서를 형성하고 국가 안보의 문제로 발전할 가능성이 있다.

마지막으로, AI 기술 경쟁은 국가의 경쟁력과 혁신의 문제로 발전하고 있다. AI 기술 선도와 경쟁력이 국가의 리더십을 평가하는 지표로 인식되고 있다. 디지털에서 시작된 양국의 경쟁은 5G와 화웨이, CCTV, 드론, 6G 표준 경쟁 등 첨단 기술로 발전하고 있다. AI와 같은 파급력을 가진 범용 기술이 전 산업의 혁신과 글로벌 표준 장악을 위한 규범 경쟁의 수단으로 작용한다. 이러한 경쟁은 개별 기업이나 특정 산업 영역에서 전개되는 국지적 경쟁이 아니라 산업 전반의 혁신 성패를 가르는 플랫폼 경쟁으로 전개되고 있으며, 궁극적으로는 국가 간 '시스템 경쟁'으로 확대되고 있다.

참고문헌

김상배(2012). 표준 경쟁으로 보는 세계패권 경쟁: 미국의 패권, 일본의 좌절, 중국의 도전, ≪아시아리뷰≫, 2(2), 95-125쪽.

김준연(2019). 미-중 AI 패권 경쟁의 역사적 흐름과 최근 동향, 소프트웨어정책연구소, https://spri.kr/posts/view/22755?code=data_all&study_type=industry_trend

Allen, G. C.(2019). Understanding China's AI strategy: Clues to Chinese strategic thinking on artificial intelligence and national security.

Hughes, C. R.(2010), Google and the great firewall. *Srvival, 52*(2), pp.19-26.

Lee, Kai-Fu(2018). *AI superpowers: China, Silicon Valley, and the new world order*. Harper Business.

Sullivan, R.(2021). The US, China, and artificial intelligence competition factors. China Aerospace Studies Institute.

Wright, N. D.(2019). *Artificial intelligence, China, Russia, and the global order*. Air University Press.

Zekos, G.(2023). *Artificial intelligence and competition: Economic and legal perspectives in the digital age*. Springer. U.S.

02
AI 윤리와 법의 딜레마

AI의 사회적 책임성을 강화하기 위한 규범적 접근은 윤리 규정과 법제 규제로 구분할 수 있다. 윤리를 기반으로 한 자율적 규제가 한계에 직면하면서 제도화가 대안으로 등장하고 있다.

AI와 MBTI?

국가와 시장

민주주의 시장 질서는 오로지 시장 기능(market principles)만으로 유지될 수 있는가? 국가의 역할은 최소화하면서 자율 규범을 통해 사회적 공익을 추구할 수 있는가? 인간과 사회 질서, 특히 자본주의 시장과 국가의 역할과 한계에 대한 물음은 존 케인스(John Keynes)와 프리드리히 하이에크(Friedrich Hayek)의 치열한 논쟁처럼 오래된 질문이다.

역사적으로 신기술은 지속적으로 발명되어 왔으며, 특히 디지털과 AI와 같은 기술은 사회 변동의 촉매제로 작용하고 있다. 이런 기술은 예측할 수 없는 미래를 향한 진화와 혁신의 디딤돌이 되고 있다.

인터넷의 발전 사례를 보면, 초기에는 새로운 커뮤니케이션 수단과 경제적 파급 효과 덕분에 사회 변동에 긍정적인 영향을 미치는 기술로 인식되었다. 그러나 인터넷의 보편화와 급속한 확산은 증가하는 사이버 범죄, 해킹, 가짜 뉴스 등 부작용을 낳으면서 시장 자율 기능의 한계를 드러냈다. 인터넷의 부작용을 최소화하기 위한 국가의 간섭(규제)에 대해 한편에서는 사이버 공간의 자유와 시장의 기능을 강조하고 있다. 다른 한편에서는 역기능과 사회 문제가 증가함에 따라, 인터넷도 더 이상 자율적인 공간이 아니며, 공적 영역의 개입은 불가피한 선택이라고 주장한다. 결국, 신기술의 생성, 발전, 포화, 소멸 과정에서 사회적 부작용을 예방하고 공적 영역을 보호하는 국가의 역할은 불가피한 요소라고 할 수 있다.

AI의 확산과 보편화도 이러한 과정을 답습하고 있다. 2010년대 후반 알파고(AlphaGo)와 인간의 대결은 AI 기술의 혁신을 대중에게 인식시키는 계기가 되었으며, 사회적 경각심을 촉발했다. 이어 2022년 오픈AI의 생성형 AI의 개발과 확산 속에서 저작권, 프라이버시, 데이터의 오남용, 딥페이크, 독점 등 사회 문제가 대두되었고, 혁신의 한계와 사회 공적 영역에 대한 제도적 개입이 요구되고 있다.

이러한 측면에서 AI에 대한 사회적 공적 영역의 접근방식은 크게 두 가지 방향으로 논의되고 있다. 2020년 전후의 논의에서, AI에 대한 국가의 직접 간섭이나 규제는 최소화하고 'AI 윤리', '가이드라인' 마련에 집중했다. 2019년 경제협력개발기구가 발표한 AI 권고안을 비롯해, 유럽연합 등 세계 각국과 국제기구, 기업, 연구 기관 등 다양한 주체가 맞춤형 AI 윤리 원칙을 발표하고 있다.

한국은 2020년 대통령 직속 4차 산업혁명위원회를 통해 AI 시대 바람직한 AI 개발 · 활용 방향을 제시하기 위한, 사람이 중심이 되는 'AI 윤리 기준'을 발표했다.

AI 윤리 기준은 '사람 중심의 AI'를 위한 최고 가치인 '인간성(humanity)'을 위한 3대 기본 원칙과 10대 핵심 요건을 제시하며, 주요 내용은 다음과 같다. 첫째, AI 개발에서 활용에 이르는 전 단계에 모든 사회 구성원이 참여해야 한다. 둘째, 특정 분야에 제한되지 않는 범용성을 가진 일반 원칙으로 모든 분야에 적용되어야 한다. 셋째, 구속력 있는 '법'이나 '지침'이 아닌 도덕적 규범이자 자율 규범으로 자율적 준수가 전제된다. 넷째, 사회 경제, 기술 변화에 따라 새롭게 제기되는 AI 윤리 이슈를 논의하고 지속 발전하는 윤리 기준을 지향한다.

3대 기본 원칙은 '인간성'을 구현하기 위해 AI의 개발 및 활용 과정에서 ① '인간의 존엄성 원칙', ② '사회의 공공선 원칙', ③ '기술의 합목적성 원칙'을 지켜야 한다는 것이다.

3대 기본 원칙을 실천하고 이행할 수 있도록 AI 개발부터 활용까지 전 과정에서 충족해야 할 10대 핵심 요건은 다음과 같다. 즉, ① 인권 보장, ② 프라이버시 보호, ③ 다양성 존중, ④ 침해 금지, ⑤ 공공성, ⑥ 연대성, ⑦ 데이터 관리, ⑧ 책임성, ⑨ 안전성, ⑩ 투명성이다.

그러나 최근 AI의 대중적 관심과 성장 속에서 AI 윤리를 통한 자율 규제가 한계에 직면하면서 법제화의 필요성이 대두되고 있다.

윤리 가이드와 한계

급속히 진화하는 AI 기술과 활용을 어떻게 규제할 수 있을까? 정책학적 관점에서 규제는 자율 규제와 사후 규제, 행위 중심적 규제와 결과 중심적 규제로 구분한다. 시간적 시점에 따라서는 사전 규제와 사후 규제, 결과 비난 규제와 반성적 규제로 나눌 수 있다. AI의 진흥과 규제를 고려할 때, 자율 규제와 타율 규제의 조화가 주목받고 있다.

자율 규제는 시장의 기능을 신뢰하고 AI 관련 수범자가 자율적으로 AI의 위험을 규제하는 유형이다. 윤리와 같은 연성 규범으로 AI를 규제하는 방안으로, '지원'과 '진흥'이라는 시각에 기반한다.

유네스코, 유럽연합, 경제협력개발기구, 전기전자공학자협회(IEEE) 같은 국제기구는 AI 윤리에 대해 AI 기술이 인류에게 가져다줄 잠재적 혜택에 주목하며, AI 기술의 이런 잠재력을 적극적으로 활용해야 한다는 데 동의한다. 동시에 그러한 활용이 '사회의 핵심 가치'를 유지해야 한다는 점을 공통으로 강조하고 있다. 결국 AI 기술 혁신은 사회적 가치의 테두리 안에서 이루어져야 함을 강조하고 있는 것이다.

유네스코는 유엔 체계 안에서 윤리적·지적 성찰을 도모하는 기구로, 2021년 41차 유네스코 총회에서 'AI 윤리 권고'를 채택했다. 이는 AI의 윤리(ethics) 측면에서 주목할 만한 사례다. AI와 관련한 다양한 개인적·사회적·법적 쟁점에 대해 단순한 선악 판단을 내리기보다는 사회의 보편적 윤리와 가치를 기본으로 하는 AI 개발과 활용을 강조하고 있다. 유네스코가 AI 윤리에 관심을 갖게 된 이유는 여러 가지가 있다. 그중에서도 AI 관련 쟁점이 유네스코의 중점 사업 분야나 핵심 주제들과 깊이 연결되어 있다는 점이 지속적으로 강조되었다.

AI 규제의 제도화

자율 규제의 상대적 측면으로 타율 규제는 AI 관련 수범자를 입법과 제도를 통해 강제적으로 규제하는 유형이다. 강제성이라는 타율성을 사용하는 것이다.

2024년 한국은 국가 AI 경쟁력 강화를 위해 AI 발전과 신뢰 기반 조성의 균형을 추구하는 AI 기본 법안을 국회에서 의결했다. 「인공지능기본법」은 세계에서 두 번째로 제정된 AI 기본법으로, 정식 명칭은 「인공지능발전과 신뢰기반조성등에관한기본법」이다.

「인공지능기본법」은 '고영향 AI'가 사람의 생명, 신체의 안전 및 기본권에 중대한 영향을 미치거나 위험을 초래할 우려가 있는 AI 시스템을 의미한다고 밝히고 있다. 한편 '생성형 AI'란 입력 데이터의 구조와 특성을 모방하여 글, 소리, 그림, 영상, 그 밖의 다양한 결과물을 생성하는 AI 시스템을 말한다고 정의하고 있다. 한편, 'AI 사업자'란 AI 관련 사업을 하는 자로서 법인, 단체, 개인 및 국가 기관 등을 말한다. AI 개발 사업자(AI를 개발하여 제공하는 자), AI 이용 사업자(사업자가 제공한 AI를 이용하여 AI에 기반한 제품 또는 서비스를 제공하는 자)를 구분해 정의하고 있다.

AI의 확산에 대응해 투명성을 제고할 필요성이 대두되고 있다. 이에 AI 사업자는 실제와 구분하기 어려운 가상의 음향, 이미지 또는 영상 등 AI 결과물을 제공하는 경우 해당 사실을 이용자가 명확하게 인식할 수 있도록 고지 또는 표시할 의무가 있다. AI 사업자는 고영향 AI 또는 생성형 AI를 제공하는 경우 이용자에게 사전 고지하고, 표시(생성형 AI만 해당)하도록 의무를 부과하고 있다. 이 법은 국외 행위에 대해 적용할 뿐만 아니라, 국내 대리인 제도로 해외 사업자 대상 규율을 명확히 하고,

국가 안보 목적 AI는 적용 범위에서 제외하는 것을 특징으로 한다. 한편 AI 기술 및 산업 진흥을 위한 기본 계획, 연구 개발 투자 전략 등을 심의하기 위해 대통령 소속 국가 AI 위원회를 설치하고, AI 안전 확보를 위한 전문 기관으로 안전 연구소를 운영할 수 있는 근거를 마련했다.

또한 산업 활성화를 위해 AI 집적 단지 지정 및 전담 기관 운영 지원 근거를 마련했다. AI 기술의 도입 · 활용을 원하는 기업에 컨설팅을 제공하고, 중소 · 벤처 기업을 대상으로 교육과 자금 대부 등을 지원하고 있다. 아울러 AI 연구 개발(R&D), 안전한 AI 이용을 위한 사업 지원, 표준화, 인력 양성, 창업 지원, 데이터 센터 활성화 정책 등을 위한 근거도 마련했다. AI 안전을 확보하기 위해 대통령령으로 정한 기준 이상의 누적 연산량을 사용한 AI 시스템에 대해 모니터링과 위험 관리 체계 구축을 의무화했다. 과학기술정보통신부 장관은 사업자 의무 위반 시 사실 조사 및 시정 명령을 할 수 있고, 시정 명령 불이행 시 3000만 원 이하의 과태료를 부과할 수 있다.

AI는 급속히 진화하고 있다. 자율 규제와 타율 규제로 나누는 양분법적 접근 방식에는 한계가 있다. AI는 한편으로 국가의 혁신과 경쟁력을 확보하는 수단이지만, AI의 책무성을 확보하기 위해서는 적절한 제도적 기반이 마련되어야 한다.

참고문헌

과학기술정보통신부(2020.12.22). 과기정통부, 사람이 중심이 되는 「인공지능(AI) 윤리기준」 마련.

과학기술정보통신부(2024.12.26). 인공지능 시대의 새로운 서막, 인공지능 기본법 국회 본회의 통과.

유네스코(2021). 유네스코 인공지능(AI) 윤리 권고 해설서.

Arevuo, M.(2012). Keynes Hayek, The clash that defined modern economics.

Li, Y., et al.(2025). Integrating AI in education: Navigating UNESCO global guidelines, emerging trends, and its intersection with sustainable development goals.

Morandín-Ahuerma, F.(2023). Ten UNESCO recommendations on the ethics of artificial intelligence.

03
글로벌 패권 경쟁의 딜레마

AI에 대한 혁신과 각국의 기술 규제는 국제 무역 형태를 변화시키고 있다. 특히 미중 기술 패권 시대 딥시크 기술은 국가 간 개방(수용)과 금지(봉쇄)의 갈림길에서 냉정한 국제 정치와 기술에 대한 국익 우선주의를 보여 주는 사례다.

AI와 난임 극복?

기술 규제

신기술 발명과 혁신은 인간에게 새로운 기회를 제공했다. 라디오, TV, 무선 통신, 위성 방송의 사례와 같이 신기술은 인간이 새로운 문화를 형성하고 경제적 가치를 창출하는 데 기여했다.

그러나 기술이나 미디어가 보편화되면서, 특히 미디어나 기술 환경이 국가 단위에서 국가를 추월하고 글로벌화하는 단계에서 이 문제는 국가의 문제가 아닌 국제정치의 영역으로 진화했다.

대표적으로 영국의 BBC는 방송과 라디오를 통해 자국을 넘어 글로벌 서비스를 제공하고, 특히 제3세계 국가의 민주화에 기여했다. 그러나 일부 독재 국가에서는 BBC 방송을 차단하거나 불법 방송으로 규정한 바 있다.

기술의 보편성이 정치 문제로 비화하면서 글로벌 ICT 기업, 미디어 기업은 각국 정부와 갈등을 빚고 있다.

글로벌 정보 통신 기업의 서비스에 대해 국가 차원에서 일정한 규제나 관리를 수행하는 것은, 자국의 이익과 국민을 보호해야 하는 국가의 당연한 책무이자 의무라 할 수 있다. 그러나 글로벌화와 자유 무역으로 대표되는 현재의 국제 경제 속에서 이러한 규제 조치들은 종종 국제적 마찰로 이어지고 있다.

20세기 국제 무역 시장에서 수입을 억제하고 자국의 산업을 보호하는 가장 강력한 수단은 관세 장벽(tariff barrier)이었다. 그러나 21세기 들어 세계무역기구(WTO) 체제 출범에 따른 자유 무역주의의 확산, 자유무역협정(FTA)과 지역 자유무역협정(RTA)의 확대는 무역 장벽으로서 관세의 기능을 현저히 약화하고 있다. 교역 환경의 변화와 함께 과학 기술의 발전, 환경 위험 및 인간의 건강과 안전에 관한 인식이 고조됨에 따라 관세 장벽을 대체할 새로운 형태의 비관세 장벽(non-tariff barriers, NTB)이 무역 현안으로 등장했다. 특히 무역에 관한 기술 장벽(technical barriers to trade, TBT)이 광범위하게 활용되고 있다. 이는 국가 간 상이한 기술 규정, 표준, 적합성 평가 절차 등을 적용함으로써 상품의 자유로운 이동을 저해하는, 무역상 장애 요소를 의미한다. TBT는 생산 공정과 유통, 표시 방법, 폐기, 재활용과 관련된 기술 규제와 기술 표준, 시험 인증 및 규제 방법을 대상으로 삼는다. 따라서 다른 어떤 비관세 조치보다도 무역에 지대한 영향을 미치고 있으며, 시장의 실패를 만회하고 경쟁국으로부터 자국 산업을 효과적으로 보호할 수 있는 가장 강력한 정책 수단의 하나로 자리 잡았다.

기술 규정 및 표준에 의한 장벽은 다음과 같은 유형이

있다. 첫째, 기술 규정은 자국민의 보건과 안전, 환경 보호 등을 목적으로 제정되지만, 실제 운영 과정에서 외국 기업에 불리하며 기술 장벽으로 작용하는 경우가 있다. 둘째, 표준은 강제성이 없으나, 소비자 선호에 따라 실질적인 강제성을 가질 수 있다. 셋째, 정부가 강제 검사 제도를 운영할 때 표준을 인용하거나 기술 기준으로 활용하는 경우도 기술 장벽이 발생할 수 있다. 넷째, 강제 검사 및 인증 제도상의 장벽으로 중복 검사 요구, 과도한 검사 기간, 특정 인증 마크 획득 의무화 등이 있다. 마지막으로, 레이블링 요건상의 장벽은 특정 라벨 부착을 의무화함으로써 특정 생산 요소에 차별화를 발생시키거나 기술력이 부족한 국가에 대한 기술 장벽으로 작용할 수 있다.

WTO 출범 이후, 각국에서 채택하는 기술 규정, 표준 및 적합성 평가 절차가 국제 무역에 불필요한 장애를 초래하지 않도록 WTO TBT 협정이 체결되었다. 이 협정은 WTO 모든 회원국을 대상으로 강제력을 가지며, TBT 협정에서는 회원국이 기술 규정, 표준 또는 적합성 평가 절차를 개발, 채택, 적용 시에 국제 표준을 기초로 활용토록 규정하고 있다. 또한, 제도의 투명성을 보장하기 위해 무역에 중대한 영향을 미치는 기술 규정이나 적합성 평가 절차를 개정할 때 WTO 사무국을 통해 다른 WTO 회원국에 통보하도록 하고 있다.

딥시크와 국제 정치

2025년 1월 중국 스타트업 딥시크(DeepSeek)가 저비용 고효율의 AI 모델 'R1'를 공개하며, 미국 중심의 AI 산업 중심에 지각 변동을 일으키고 있다. 이는 단순 기술 경쟁을 넘어 국제적 정치 이슈로까지 확장되는 양상이다. 실리콘 밸리는 'AI의 스푸트니크 순간'으로 평가하며 인공위성 개발 당시의 충격에 비유했다. 반면, 젠슨 황은 딥시크의 성과가 'AI 기술의 대중화와 효율성 향상을 촉진할 것'이라며 긍정적으로 평가했다.

그러나 '딥시크'를 둘러싼 국가 간 대응은 양극화되었다. 수용이냐 금지냐를 둘러싼 이 논란은 냉전 시대 자본주의와 공산주의의 대결을 연상시킨다. 미국과 유럽 각국은 딥시크의 개인 정보 문제를 제기하며 '딥시크 대항군'의 분위기를 조성하고 있다. 반대로 개도국은 저비용 고효율의 기능, 국제적 관계를 고려해 딥시크를 수용하는 동향을 보이고 있다.

딥시크 차단 움직임은 미국과 미국의 동맹국, 반중 성향이 강한 나라에서 특히 두드러진다. 일본과 오스트레

일리아는 보안상 위험을 이유로 모든 정부 기관에서 딥시크 사용을 금지했다. 대만 민진당 정부도 정부 부처와 국영 기업을 대상으로 딥시크 접속을 제한했으며, 유럽도 딥시크를 경계하고 있다. 이탈리아 정부는 딥시크 앱 다운로드를 차단하고 전 세계에서 가장 먼저 일반 국민에까지 딥시크 사용을 제한했다. 프랑스, 독일, 영국도 국가 안보 차원에서 딥시크 문제에 대응 방안을 모색하고 있다.

한편 국가 차원에서 딥시크를 적극 수용하는 국가도 있다. 인도는 딥시크의 대형 언어 모델(large language model, LLM)을 자국 서버에 적용하고 딥시크의 저비용 AI 모델을 기반으로 자체 AI 모델 개발을 구상 중이다.

한국은 2025년 2월 이용자 개인 정보 유출 우려에 따라 딥시크 앱 다운로드 서비스를 잠정 중단했다. 2기 트럼프 정부 출범과 함께 미국은 딥시크 금지에 중심을 두고 있다. 미연방 하원은 2025년 정부 기관의 모든 전자기기에서 딥시크를 사용하지 못하도록 규제하는 법안을 발의했다. 미 국방부와 의회, 일부 주(州) 정부 기관에 국한됐던 딥시크 금지령을 미국 정부 전체로 확대하겠다는 것이다. 이처럼 서방 국가들이 중국의 특정 기업 상품을 대상으로 집단 보이콧에 나선 전례는 찾기 어렵다.

이들은 중국 정부가 각국 정보 수집 도구로 딥시크를 활용할 것이라며 우려하고 있다.

반면 중국은 딥시크의 등장으로 AI 역량이 절대적으로 부족한 글로벌 사우스(global south: 대부분의 개발도상국이 남반구에 집중되어 있는 데서 나온 용어) 국가들이 혜택을 볼 것이라 자부한다. 저렴한 비용과 오픈 소스 형태로 제공된다는 점에서 딥시크는 개발 도상국에 매력적으로 다가가고 있다. 일부에서는 딥시크가 선진국과 개발 도상국 간 AI 격차를 해소하는 역할을 할 것이라는 견해도 내놓고 있다.

결국 미국을 비롯한 서방 국가들이 '딥시크 보이콧'을 벌이는 것과 달리 중국은 AI 자립도를 위해 자국이 테크 기업과 공동으로 독자적인 생태계를 구축하고 있다. 딥시크 사례가 보여 주듯이 AI 기술의 혁신과 확산은 새로운 국제 질서 형성의 동인이 되고 있다.

참고문헌

이승우(2013). TBT(무역기술장벽)에 부는 변화의 바람, 양날의 칼 되나. KDI 경제교육·정보센터, https://eiec.kdi.re.kr/publish/naraView.do?fcode=00002000040000100010&cidx=9029

조영빈(2025.2.17). 중국, 한국 딥시크 중단에 "기술 문제 정치화

말라”. ≪한국일보≫,
https://www.hankookilbo.com/News/Read/A2025021716570001057
조영빈(2025.2.19). 서방은 ‘차단’, 개도국은 ‘환영’…딥시크發 ‘AI 신냉전’ 온다. ≪한국일보≫,
https://www.hankookilbo.com/News/Read/A2025021815320002618
Dandage, R. V.(2025). A comparative analysis of ChatGPT and DeepSeek: Capabilities, applications, and future directions ChatGPT &DeepSeek.
Smith, D. N.(2013). Academics, the ‘cultural third mission’ and the BBC: forgotten histories of knowledge creation, transformation and impact. *Studies in Higher Education, 38*(5), pp.663-677.
Wang, C. & Kantarcioglu, M.(2025). A review of DeepSeek models’ key innovative techniques. arXiv preprint arXiv:2503.11486.

04
위험, 안전, 안보의 딜레마

AI의 불확실성과 잠재적 위험성으로 안전에 관한 우려가 증가하고 있다. AI의 장기적인 보편화와 상용화 전망에서 불구하고 미지의 기술이 초래할 위험성, 안전성 그리고 국가 안보 위협의 문제가 부각되고 있다.

AI와 사주?

위험과 AI

위험(risk)은 사전에서 '해로움이나 손실이 생길 우려가 있음, 또는 그런 상태'로 정의하고 있다. AI를 법으로 규제하고자 하는 이유는 AI가 잠재적 위험을 지니기 때문이다. 위험의 기준은 주관적이지만 위르겐 하버마스(Jürgen Habermas)의 공익(public interest)을 객관적 기준으로 삼을 수 있다. 이때 위험은 개인의 권리나 공익 등 '현실화되지 않은 침해 가능성'으로, 미래 지향적이며 '불확실성'을 내포하고 있다.

AI를 지원하는 중요한 요소인 '데이터', '알고리즘', '하드웨어와 소프트웨어' 각각은 위험성을 내포하고 있으며, '개발자', '사용자' 관점에서 오남용의 속성이 있다. 민주주의와 자본주의 국가의 핵심은 모든 구성원이 균등하게 접근할 수 있는 정확한 정보에 기반한다. 그러나 현재 가장 대중적으로 활용하는 생성형 AI가 신뢰할 수 있는 정확한 정보보다는 오류와 편견이 가득한 정보를 제공한다면 이는 민주주의의 근간을 훼손하는 심각한 위협이 될 수 있다.

AI의 위험성은 추상적이고 철학적인 개념이다. 그러나 최근 AI 기술로 인한 위험성은 환각(hallucination), 편향성, 오작동, 유해 정보 생성 · 활용(화학 · 바이오 무기 개발 등), 사이버 해킹, 가짜 뉴스 배포, AI 통제력 상실 등 구체적인 사례로 나타나고 있다. 따라서 AI 기술 혁신과 상용화 속에서 국가 차원의 체계적 관리가 필수적이며, 특히 위험 요소의 명확한 정의와 식별·분석·평가·완화 체계 구축이 시급하다.

AI 안전성을 평가·연구하기 위해, 영국, 미국, 일본 등은 전담 조직으로 'AI 안전연구소'를 설치했다. 한국도 2024년 AI 안전연구소(AI Safety Institute)를 설립해 '안전한 AI로 만드는 지속 가능한 미래(creating a sustainable future with safe AI)'를 비전으로 제시하고 있다. 이 연구소는 아태 지역을 대표하는 글로벌 AI 안전 거점 연구소를 구현하기 위해 AI 안전에 대한 과학적 이해 증진, AI 안전 정책 고도화 및 안전 제도 확립 지원, 국내 AI 기업의 안전 확보 지원을 목표로 하고 있다.

위험의 제도화

한편 2024년 'AI 서울 정상 회의'에서 발표한 '서울 선언문'을 기반으로 2024년 11월 미국 정부를 중심으로 10개국이 참여하는 국제 AI 안전연구소 네트워크가 출범했다. 이는 AI 안전 과학에 대한 새로운 국제 공조의 촉진을 본격화한 중요한 이정표로 평가된다.

이 국제 네트워크는 전 세계의 기술 전문성을 모으는 과학 포럼으로서, AI 위험과 안전에 대한 공통의 과학적 이해를 창출해 상호 운용 가능한 원칙, 정책 · 모범 사례를 개발 · 적용할 계획이다. 특히, 연구(research), 테스팅(testing), 지침(guidance), 포용(inclusion)이라는 네 가지 주요 협력 사항에 대해 네트워크 구성국 간 협력 추진을 목표로 하고 있다.

첫째, 연구 분야는 AI 안전 과학을 발전시키기 위해 공동 또는 상호 보완적인 연구를 수행하고, 첨단 AI 위험과 역량에 대한 국제적 합의를 촉진하는 연구를 추구한다.

둘째, 테스팅은 고급 AI 모델을 테스트하기 위한 모범 사례를 구축하고, 공동 테스트 연습 수행과 평가 결과 공유 등을 통해 회원국 간 평가 결과의 상호 인정 추진을 목표로 하고 있다.

셋째, 지침은 공통의 AI 안전 가이드라인 마련을 촉진하고, 고급 AI 모델의 테스트 해석에 대한 상호 운용 가능한 접근 방식을 공유하는 것을 목적으로 하고 있다.

넷째, 포용은 AI 정보, 기술 도구를 공유하여 다양한 지역과 발전 단계에 있는 국가, 이해관계자를 네트워크에 참여시켜, AI 안전 과학에 참여할 수 있는 역량을 강화하는 것을 목표로 하고 있다.

AI의 안정성을 확보하기 위한 다양한 제도화가 추진되고 있다. 그러나 '위험'이라는 철학적이고 추상적인 개념을 제도화하는 과정에서 한계는 분명히 인식되고 있다. 사회적 문제를 해결하는 과정에서 법과 제도 개선이 항상 부수적인 조치로 인식되지만 그 제도와 기술 혁신 사이에는 언제나 괴리감이 존재하므로, 이를 신속히 진단하고 괴리감을 최소화하려는 노력이 필요하다. 사회 시스템의 제도화는 언제나 한계를 내포하고 있으며 최고의 제도화보다는 최적의 제도화를 추진해야 하는 딜레마가 있다.

참고문헌

과기정통부(2024.11.22). '인공지능 서울정상회의' 핵심의제인 '국제 인공지능 안전연구소 관계망(네트워크)' 참여, https://eiec.kdi.re.kr/policy/materialView.do?num=260093

과학기술정보통신부(2024.11.27). 인공지능(AI) 서울정상회의' 후속조치로 「한국 인공지능 안전연구소」 출범, https://www.msit.go.kr/bbs/view.do?sCode=user&mId=113&mPid=238&bbsSeqNo=94&nttSeqNo=3185174

Falco, G., et al.(2021). Governing AI safety through independent audits. *Nature Machine Intelligence, 3*(7), pp.566-571.

Giudici, P., et al.(2024). Artificial Intelligence risk measurement. *Expert Systems with Applications*, 235, 121220.

Kellner, D.(2000). Habermas, the public sphere, and democracy:

A critical intervention. *Perspectives on Habermas, 1*(1), pp.259–288.

Novelli, C., et al.(2024). Taking AI risks seriously: A new assessment model for the AI Act. *AI & SOCIETY, 39*(5), pp.2493–2497.

Thompson, J. B.(1993). The theory of the public sphere. *Theory, Culture & Society, 10*(3), pp.173–189.

05
국제기구의 AI 담론과 딜레마

현재 국제기구는 AI 어젠다를 선도하기 위해 경쟁하고 있다. 그러나 국제기구의 논의는 글로벌 담론과 큰 화두를 던진다는 장점에도 불구하고 한계가 있다. 국제기구의 AI 논의는 심화하는 디지털 격차뿐만 아니라 가칭 'AI 격차'를 예방하는 문제를 중심으로 이루어질 필요가 있다.

AI와 아이돌?

국제기구 간 주도권 확보

2019년 경제협력개발기구(OECD)는 선제적으로 AI에 관한 국제 지침을 제시하기 위해 'OECD AI 원칙(OECD artificial intelligence principles)'을 제정했다. 이 원칙은 다섯 가지 핵심 가치를 기반으로 한다. '포용 성장과 지속 가능한 개발', '인간 중심 가치와 공정성', '투명성과 설명 가능성', '견고성, 보안 및 안전', '책임성'이다. OECD는 AI 권고안을 통해 각국 정부가 원칙을 준수할 수 있도록 연구 개발에 대한 투자, 디지털 생태계 조성, 혁신을 위한 유연한 정책 환경 조성, 인적 역량 배양 및 일자리 변혁 대응, 국제 협력 등 정책 권고안도 제시했다. OECD AI 원칙은 AI에 관한 최초의 정부 간 표준으로, '혁신적이고 신뢰할 수 있으며 인권과 민주적 가치를 존중하는 AI 촉진'을 목표로 2019년 채택되어, 2024년 개정했다.

한편 2023년 G7 국가는 포용적 방식으로 생성 AI에 관한 논의를 지속하는 '히로시마 AI 프로세스'를 수립하고, 첨단 AI 시스템 개발 조직을 위한 11가지 국제 지침(guiding principles) 및 행동 강령(code of conduct)을 발표했다. G7 히로시마 프로세스는 주로 AI의 '개발' 맥락에서 지속 가능한 발전과 포용을 다루고 있다. 특히 9번 지침은 '기후 위기, 건강 및 교육 등 세계 최대 현안을 다루는 AI 개발을 우선 추진'할 것을 권고한다. 구체적으로 유엔의 지속 가능 발전 목표(sustainable development goals, SDGs)를 지원하고 전 세계의 이익을 위해 AI 개발을 장려하며, 국민이 첨단 AI의 혜택을 받을 수 있도록 디지털 리터러시 이니셔티브를 지원한다는 내용을 담고 있다. 또 시민 사회 및 지역 사회와 협력해 우선순위 과세를 파악하고 세계 최대 현안을 다룰 수 있는 혁신적 설루션(solution)을 개발해야 한다고 제안하고 있다.

또한 2024년 유엔 총회에서는 미국 주도의 첫 AI 관련 결의안을 채택했다. 이 결의안은 지속 가능한 발전을 위한 안전 · 보안 · 신뢰성 있는 AI 시스템의 기회 포착으로 안전하고 신뢰할 수 있는 AI 시스템을 촉진하여 전 세계가 당면한 과제(빈곤 퇴치, 보건, 식량 안보, 기후, 에너지, 교육 등)에 대응할 수 있도록 하는 것을 주요 내용으로 한다. 특히 AI의 설계, 개발, 배포 및 사용의 전 과정에서 인권을 존중하고 보호하며 증진해야 함을 강조하고 있으며, 위험을 초래할 수 있는 AI 사용은 자제하거나 중단할 것을 촉구하고 있다. 더불어 안전하고 신뢰할 수 있는 AI 관련된 규제, 거버넌스 체계 및 프레임워크 개발 및 지원을 장려하고 있다.

한편, UN은 AI 국제 거버넌스 구축 방안을 제시하기 위해 AI 고위급 자문 기구를 출범했다. 이 기구는 '인류를 위한 AI 거버넌스(Governing AI for Humanity)' 최종 보고서를 통해 현존하는 글로벌 AI 거버넌스 격차의 실태를 지적하고, 격차를 줄이기 위한 정책적 권고안 제시했다. 주요 권고 사항은 AI에 관한 국제 과학 패널 구성, AI 거버넌스 정책 대화, AI 표준 교환, 역량 개발 네트워크, AI 글로벌 펀드 조성, 글로벌 AI 데이터 프레임워크 구축, UN 사무국 내 AI 사무소 설치였다. 더불어 UN 미래 정상 회의(Summit of the Future)를 계기로 미래를 위한 협약(Pact for the Future)과 부속서(附屬書) 글로벌 디지털 콤팩트(Global Digital Compact)를 2024년 채택했다.

동남아시아의 지역 협의체인 아세안(ASEAN)에서는 2024년 AI 거버넌스 및 윤리에 관한 가이드라인을 발표하는 등 AI 규범 논의가 활발하게 진행되었다. 이런 노력의 일환으로 아세안의 책임 있는 AI 발전을 위한 네 가지 주요 발전 방안을 제시했다.

첫째, '기술 및 역량 강화' 방안이다. 아세안 인력의 AI 기술 개발, 정부 AI 역량 강화, 스타트업 육성 및 전략적 파트너십을 통한 지역 AI 생태계 강화를 들 수 있다.

둘째, '공정성 및 포용성' 강화다. AI 정책 설계 및 이행에서 소외 계층을 포함한 모두가 AI의 혜택을 누릴 수 있도록 노력하고, 특히 지역 내 다양한 언어와 이질적 문화를 고려해 AI의 편향성을 예방하고 보편성을 추구한다.

셋째, '거버넌스 및 참여'다. AI 거버넌스 및 규제 프레임워크 개발을 위해 역내 주체 간 활발한 논의를 도모하고, 모범 사례 공유 등을 통해 역내 국가 간 협력을 증진하는 것을 목표로 한다. 그럼으로써 안전하고 신뢰할 수 있는 AI 보편화에 기여한다.

마지막으로, '통합 및 협력'을 도모한다. AI 트렌드 및 이슈에 대한 역내·외 논의 플랫폼을 확대하고 다양한 이해관계자 간 책임 있는 AI 분야 공조를 통해 지역 간 협력을 도모한다.

다양한 국제기구도 AI 혁신을 기반으로 글로벌 사회의 지속 가능한 발전과 지구 공동체가 직면한 문제를 해결하기 위해 AI 가이드라인, AI 원칙, AI 거버넌스 등에 대한 논의를 이끌고 있다. 이러한 최근의 경험을 살펴보면 국제기구들이 본연의 책무를 충실히 수행하고 있음을 알 수 있다. 그러나 국제기구가 주도하는 이런 전략에는 한계가 존재한다. 먼저 국제기구가 제시하는 AI 전략, 가이드라인 등의 실행력의 문제다. 국제기구가 가지고 있는 원론적인 한계(재원 조달 방안, 복잡한 회원국 간 정치적 관계 등)가 있으며, 이를 이행하도록 개별 국가를 강제하는 데도 한계가 있다.

아울러 국제기구들이 AI 관련 책무를 경쟁적으로 수행하고자 하는 움직임이 나타나고 있다. 이러한 경쟁 구도는 개별 국가 입장에서는 자국의 전략, 유럽연합이나 아세안과 같은 지역 공동체 전략, 마지막으로 국제기구 전략들이 서로 중복되거나 반복되고 심지어 상충되면서 혼란을 초래할 수 있다. 이런 점에서 최근 국제기구 간 AI 관련 논의를 공동으로 추진하는 것은 의미 있는 진전이라고 할 수 있다. 마지막으로 국제기구의 AI 논의는 이 책 제9장에서 논의하는 것과 같이 AI로 인한 신격차, 가칭 'AI 격차'를 예방하고 대응하는 문제에 집중할 필요가 있다.

참고문헌

한국지능정보사회진흥원(2024). AI 리포트: 지속 가능하고 포용적인 글로벌 AI 생태계 구축 방안.

Fong, K.(2024). From Paper to Practice: Utilizing the ASEAN Guide on Artificial Intelligence(AI) Governance and Ethics(No. 18). ISEAS-Yusof Ishak Institute.

Gill, A. S. & Germann, S.(2022). Conceptual and normative

approaches to AI governance for a global digital ecosystem supportive of the UN Sustainable Development Goals(SDGs). *AI and Ethics, 2*(2), pp.293-301.

Habuka, H., & de la Osa, D. U. S.(2025.1). Enhancements and next steps for the G7 Hiroshima AI Process: Toward a common framework to advance human rights, democracy and rule of law. In *Cambridge Forum on AI: Law and Governance*(Vol. 1, p.e15). Cambridge University Press.

Morandín-Ahuerma, F.(2023). Recommendation of the OECD council on artificial intelligence: inequality and inclusion 1. CC BY-NC-SA, pp.95-102.

Yeung, K.(2020). Recommendation of the council on artificial intelligence(OECD). *International legal materials, 59*(1), pp.27-34.

06
안전과 공익: 유럽식 모델

유럽 지역의 공동체적 목적을 추구하는 유럽연합은 세계 최초의 「인공지능법」 제정을 통해 안전한 AI 도입과 규범력을 강화하고 있다. 민주주의와 공익이라는 사회적 가치를 중요시하는 유럽연합 특성을 반영하고 있지만, 공익을 위한 규제 중심이라는 점에서 비판에 직면하고 있다.

AI와 야구?

공익성과 AI법

유럽연합(EU)은 2021년 4월 AI를 법으로 규제하는 규제 법안(AI Act)을 선구적으로 주도했으며, 2023년 12월 이를 제정하기로 합의했다. 이 법은 AI 기술의 급속한 발전과 광범위한 적용에 따른 윤리적, 법적, 사회적 영향에 대응하기 위해 마련한 최초의 포괄적인 AI 규제 법안이다. 「인공지능(AI)법」은 113개 규정과 13개의 부속서(附屬書)로 되어 있는 방대한 규정으로, 유럽연합 내에서 사용되는 AI 시스템에 대한 유럽연합의 가치가 일관되게 적용될 수 있는 원칙을 수립하기 위한 것이다. 인간 중심의 신뢰할 수 있는 AI의 촉진과 AI 시스템으로부터의 안전, 환경 보호, 법치 등 기본권을 보호하고 혁신을 지원하는 것을 목적으로 한다. 이 법은 다음과 같은 몇 가지 특징이 있다.

첫째, 다른 유럽연합의 법률 체계와 같이 27개 회원국에서의 AI 관련 규정을 통일함으로써 AI 규범의 법적 확실성을 확보하는 포괄적 규범의 성격을 가지고 있다. 이는 회원국이 개별적으로 AI 시스템에 대한 규제를 강화함으로써 발생할 수 있는 혼란을 방지하고 AI 시스템의 개발자, 수입자, 운영자에게 법적 확실성을 제공하는 효과를 가진다. 유럽연합의 역내 산업 및 시장을 보호하기 위해 필요한 정책 가운데 하나가 역내 공급망의 안전을 강화하는 것이다.

둘째, 유럽연합이 주도적으로 시행하고 있는 디지털 사업에 관한 법, 즉 「디지털서비스법(Digital Service Act)」, 「디지털시장법(Digital Markets Act)」, 「디지털거버넌스법(Digital Governance Act)」과 같은 다른 법률과 상호 보완적인 역할을 하고 있다. AI 기술과 법 체계노 현재의 각종 디지털 기술과 상호 연계가 불가피하기 때문이다.

셋째, AI 시스템을 위험성(risk)에 기반을 두어 규제를 차별화하고 있다. 위험성의 강도와 범위에 비례해 규제의 유형을 분류하고 있으며 수용할 수 없는 AI 시스템의 활용을 금지, 고위험 AI 시스템의 준수 사항을 규정하고, 이 외에는 투명성 의무를 부과하고 있다.

넷째, 「인공지능법」은 사회적 공익을 보호하고 잠재적 위험성을 예방하기 위한 규제뿐만 아니라 규제 샌드박스 운영, 실제 환경에서의 테스트, 중소기업 및 스타트업 지원 등 AI 분야의 규제 혁신과 기술 발전을 위한 제도적 기반도 함께 규정하고 있다.

위험성 수준과 차별 규제

유럽연합 법의 가장 큰 특징은 AI의 위험 기반 규제 접근법(risk based regulatory approach)을 사용하고 있는 점이다. 즉, AI 유형화를 통해 '허용할 수 없는 위험(unacceptable risk)', '고위험(high risk)', '저위험(low risk)', '최소 위험'(minimal risk)'으로 구분해 차별적으로 규제한다.

먼저 '허용할 수 없는 위험'은 인간의 건강, 안전, 기본권 등에 중대한 위험을 초래할 수 있어 절대적으로 금지하는 것이다. 민주주의와 법치의 가치를 존중하고 유럽연합의 기본 가치를 위배하는 경우 공공, 민간을 불문하고 사용을 금지하도록 규정하고 있다. 이를 위반한 경우 최대 3500만 유로(약 518억 원) 또는 직전년 회계 연도 기준 전 글로벌 연 매출액의 최대 7% 중 더 큰 금액에 대한 제재금을 부과할 수 있다.

둘째, 「인공지능법」에 따라 AI 시스템을 '고위험'으로 분류할 수 있는 사례(case)를 열거하고 있다. 대표적으로 생체 인식, 중요 인프라, 교육, 필수 서비스, 법 집행, 이주 및 사법에 사용되는 AI 등이 이에 해당한다. 고위험 AI 시스템 공급자와 운영자, 수입업자, 유통업자에게 의무가 부과되며 공공 서비스에 활용하거나 자연인의 신용도를 평가하는 경우에는 '기본권 영향 평가'를 수행해야 한다. 고위험 AI 시스템 관련 규정을 위반한 경우 최대 1500만 유로(약 222억 원) 또는 직전년 회계 연도 기준 전 글로벌 연 매출액의 최대 3% 중 더 큰 금액에 대한 제재금이 부과된다.

셋째, '저위험'이다. AI 시스템이 사람과 상호 작용하는 AI 기술 중 딥페이크 기술과 같이 비인격화, 기반, 소작 등의 문제를 일으킬 수 있는 기술 등을 포함한다. 이러한 시스템에는 투명성 의무가 부과되며, 이를 통해 사용자는 AI와의 상호 작용을 명확히 인지할 수 있게 되며, 잠재적인 위험으로부터 보호받을 수 있다. 인증 기관이나 관할 당국에 부정확, 불완전, 오해의 소지가 있는 정보를 제공한 경우 최대 750만 유로(약 112억 원) 또는 직전년 회계 연도 기준 글로벌 연 매출액의 최대 1% 중 더 큰 금액의 제재금이 부과될 수 있다.

마지막으로 '최소 위험'이다. 이 경우 거버넌스 메커니즘을 포함한 명확한 목표와 성과 지표에 기초한 자발적인 행동 강령(code of conduct)을 작성하도록 하고 있다.

함의와 한계

「인공지능법」의 제정은 전 세계적으로 AI 시스템에 대한 법적 규제 강화와 표준화의 시작을 의미한다. 한국을 포함하여 다양한 국가가 유럽연합의 규제를 참고해 자국의 AI 규제 정책을 수립하고 있다. 「인공지능법」은 AI 시스템의 윤리적 사용과 안전성에 대한 글로벌 기준을 처음으로 수립한 사례로 평가받는다. 이는 타 국가들이 유사한 규제를 도입하거나 유럽연합의 기준을 사실상의 국제 표준으로 수용하도록 압박하는 역할을 할 수 있다. 이런 관점에서 기업에서는 「인공지능법」에서 명시하는 허용할 수 없는 위험 수준의 AI 시스템이나 고위험 AI 시스템에 대한 규제 사항을 마련할 필요가 있다. 특히 유럽연합 내에 법인이나 사무소가 없는 기업도 유럽연합에서 AI 시스템을 이용할 경우 법의 적용을 받게 되며, 공급자뿐만 아니라 배포자에게도 동일한 의무가 부과되므로 광범위한 기업에 영향을 미칠 것으로 예상된다.

참고문헌

양천수(2024). 유럽연합 인공지능법과 인공지능 규제. 법제연구원.

한국지능정보사회진흥원(2024). AI 리포트: 지속 가능하고 포용적인 글로벌 AI 생태계 구축 방안.

Chiarella, M. L.(2023). Digital Markets Act(DMA) and Digital

Services Act(DSA): New Rules for the EU Digital Environment. *Athens Journal of Law, 9*(1), p.33.

Satariano, A.(2022.3.24). EU takes aim at big tech's power with landmark digital act. *New York Times.*

07
혁신과 시장: 미국식 모델

2025년 출범한 도널드 트럼프 정부는 AI 분야에서 미국이 지향하는 혁신과 탈규제에 대한 방향성을 제시했다. 그러나 개방과 혁신이라는 글로벌 동향 속에서 미국의 패권주의는 새로운 갈등의 소지를 낳고 있다.

AI와 윤동주?

개방과 혁신

미국은 구글, 아마존, 메타 등의 글로벌 테크 기업과 오픈AI(OpenAI), 엔비디아(NVIDIA) 같은 AI 기업의 산실이다. 그럼에도 연방 정부 차원에서는 유럽연합의 「인공지능(AI)법」에 상응하는 포괄적 규제 법률이 존재하지 않는다. 그러나 미국은 이미 2018년에 AI의 정의 규정을 연방법에 명시한 바 있고, 연방 의회는 2009년부터 AI 관련 법률안을 지속적으로 발의하고 있다. 바이든 행정부까지의 일관된 특징은 AI 기술에 대한 선제적 규제를 도입하기보다는 올바른 활용을 권장하기 위해 연방 정부의 사업과 조직에 AI를 적극 도입하고 그 장단점 분석에 중점을 둔 점이다.

주(州)에서는 자체적으로 AI 법률을 제정하고 있다. 2024년 5월까지 17개 주에서 AI 법률을 제정했고, 이와 별개로 딥페이크 영상물을 규제하는 법률을 둔 주도 17개다. 2020년부터 2024년 5월까지 제정된 AI 관련 법률은 「생성적적대신경망(GAN)출력물확인법」, 「정부인공지능법 2020」, 「국가인공지능구상법 2020」, 「미국인공지능진흥법」 등이다. 특히 「국가인공지능구상법 2020」에 따라 백악관 과학기술처 소속의 국가 AI 구상실이 신설되었고, 전문가로 구성된 국가 AI 자문 위원회가 조직되어 각종 정책 제안을 하고 있다.

행정부에서도 정부의 AI 활용을 권장한다. 트럼프 행정부는 2019년과 2020년에 각각 행정 명령 제13859호와 행정 명령 제13960호를 발했고, 바이든 행정부는 2023년에 '안전하고 신뢰할 수 있는 AI 개발 및 사용 행정 명령 제14110호'를 발한 바 있다. 현 트럼프 행정부는 AI로 촉발될 수 있는 위험성에 더 중점을 누고 이에 대응하고자 하는데, 이를 백악관 과학기술처의 'AI 권리장전의 청사진'과 미국표준기술연구소의 'AI 위험관리 기본 방침'으로 구체화했다.

개혁의 서문

트럼프 1기 행정부에서는 임기 후반인 2019년 2월 '미국 AI 이니셔티브'를 추진했다. 2기 행정부에서는 AI 관련 행정 명령(EO 14179)을 취임 직후인 2025년 1월 23일에 발표한 후 180일 내로 'AI 실행 계획' 수립을 지시했다.

트럼프 2기 행정부는 출범과 함께 '미국의 AI 주도권에 대한 장애물 제거' 행정 명령을 발표했다. 해당 행정 명령 제2조에서 제시하는 AI에 대한 정책 방향은 미국의 글로벌 AI 주도권 향상과 인간 번영, 경제 경쟁력, 국가 안보 촉진에 있다.

바이든 행정부의 AI 행정 명령은 안전하고 안정적인 AI, 책임 있는 혁신 · 경쟁 · 협업, 책임 있는 AI 개발 및 사용, 평등과 시민권 진전, 개인 정보와 시민의 자유 보호, 위험 관리를 주요 가치로 표명하여 트럼프 행정부의 정책 방향과 큰 차이가 있었다.

트럼프 2기 행정부의 과학 기술 거버넌스는 AI 기술에 대한 강조와 함께 바이든 시대 정책 기조와는 뚜렷한 전환을 예고하고 있다는 점이 특징이라고 볼 수 있다. 특히 AI와 관련한 정부 직책 신설이 빠른 속도로 이루어졌으며, 백악관 및 연방 정부 주요 보직에도 AI 전문가가 포진해 있다.

탈규제와 패권 경쟁

트럼프 2기 행정부의 정책 방향은 AI의 안전한 사용이나 신뢰성보다는 탈규제와 산업 발전을 통한 미국의 주도권 및 경제 성장 동력 기회를 더욱 중시하는 것으로 평가할 수 있다. 바이든 행정 명령의 배경은 AI 사용 자체로 인한 내재적 위험성과 국가 안보에 대한 부정적 영향을 제어하는 데 있었다고 평가할 수 있다. 바이든 행정부는 AI 관련 우려를 해소하기 위해 기업에 보고 의무, 가이드라인 준수 등을 요구했다. 그러나 트럼프 2기 행정부는

AI 관련 기업에 대한 부담을 해소한다는 점에서 상대적으로 기업 자율성 확보를 통한 산업 성장의 가치를 더 중시한다고 평가할 수 있다.

바이든의 행정 명령에서 지시했던 서비스형 인프라(infrastructure as a service, IaaS) 제공자에 대한 외국 고객 명단 신고 의무화는 중국 견제 정책의 일환으로도 해석될 수 있다. 그러나 트럼프 2기 행정부가 해당 행정 명령을 철회한 만큼 AI를 통한 중국으로부터의 사이버 안보 위협을 다루는 방식이 바이든 행정부와 차별화된 방식으로 등장할 가능성이 있다.

트럼프 2기 행정부하에서는 외국인의 미국 내 AI 산업 참여를 제한하거나 장벽을 높일 수 있는 만큼 AI 분야에 대한 국제 협력 기회도 축소되고, 다소 폐쇄적인 형태의 미국 중심 AI 연구가 이루어질 가능성이 있다. 트럼프 2기 행정부의 AI 정책은 AI의 부정적 영향보다는 순기능에 집중해 탈규제를 촉진하는 방향으로 수립될 것으로 보인다. 그러나 미국으로의 인재 유입을 다소 제한해 국제 협력을 축소할 가능성도 있다. 트럼프 대통령은 미국의 AI 글로벌 리더십 확보를 위해 기존 AI 정책과 규제를 철회하고 새로운 행동 계획을 발표함으로써 글로벌 AI 경쟁의 새로운 비전을 제시하고 있다.

참고문헌

과학기술정보통신부 · 한국과학기술기획평가원 · 정보통신기획평가원(2025.2.21). ≪과학기술&ICT 정책·기술동향≫, 280호.

세계법제정보센터(2024), 미국 AI 입법 동향, https://world.moleg.go.kr/web/dta/lgslTrendReadPage.do?CTS_SEQ=52582&AST_SEQ=315

Chae, Y.(2020). US AI regulation guide: legislative overview and practical considerations. *The Journal of Robotics, Artificial Intelligence & Law*, 3.

Gaviria, C. I. G.(2022). The role of artificial intelligence in pushing the boundaries of US regulation: A systematic review. *Santa Clara High Tech. LJ*, 38, p.123.

Gracias, S.(2024). Comparing the EU AI Act to Proposed AI-Related Legislation in the US. *The University of Chicago Business Law Review*.

Mökander, J., et al.(2022). The US Algorithmic Accountability Act of 2022 vs. The EU Artificial Intelligence Act: what can they learn from each other?. *Minds and Machines, 32*(4), pp.751-758.

Smuha, N. A.(2021). From a 'race to AI' to a 'race to AI regulation': regulatory competition for artificial intelligence. *Law, Innovation and Technology, 13*(1), pp.57-84.

08
국가 경쟁력과 차별화 전략

글로벌 AI 경쟁을 선도하기 위해 자본주의와 민주주의를 원칙으로 하는 주요 국가들은 다양한 AI 전략과 비전을 앞다투어 제시하고 있다. 혁신과 투자를 통해 AI 시대를 선도할 리더십과 경제적 편익을 우선 가치로 삼으며, 차별화된 전략을 수립하고 있다.

AI와 한의학?

국가의 딜레마

디지털 시대에는 인터넷과 선도적인 모바일 기술이 정보 통신 혁신의 화두로 등장했다. 그러나 최근에는 AI가 국가 경쟁력을 좌우하고 게임 체인저로 주목받으면서 혁신의 주춧돌로 인식되고 있다. 이에 따라 국가마다 경쟁적으로 비전과 전략을 제시하고 있다. 주요 국가들은 AI 기술 발전에 따른 위험과 부작용을 인식하고 이를 최소화하기 위한 규제 도입의 필요성에 공감하고 있다. 그러나 동시에 AI 기술이 국가의 미래 경쟁력을 좌우하는 핵심 산업이라는 인식 아래, AI 산업의 육성과 진흥을 위한 정책 경쟁에도 박차를 가하고 있다.

미국은 포괄적인 AI 규제가 없는 상황에서, 행정부 내에서 효력이 발생하는 행정 명령을 통해 AI의 긍정적인 잠재성은 극대화하고 국가 안보, 허위 정보 생성, 일자리 등에 미치는 영향은 최소화하는 규제를 추진하고 있다. 그 일환으로 「국가AI이니셔티브법」, 'AI 권리장전 청사진' 등을 발표하고, AI 위험과 기회에 관한 정책을 추진하고 있다.

반면 중국은 AI 기술 발전에 대해 강력한 정부 통제를 중심으로 한 세분화된 규제를 통해 기술 관리를 주도하고 있다. 중국 정부는 2023년 '글로벌 AI 거버넌스 이니셔티브'를 발표하며, 글로벌 규칙과 표준에 대한 리더십 구축을 목표로 내세웠다. 특히 AI에 대한 감독을 강화하기 위해 생성형 AI에 대한 최초 규제인 '생성형 AI 서비스 관리 잠정 방법'을 시행하고 있다.

다양한 민주 국가 모델

반면 유럽연합(EU)에서 탈퇴한 영국은 강력한 규제 대신 유연한 접근을 취하며, 다양한 상황에 맞춘 규제를 제시하고 있다. 특히 영국은 2023년 11월 세계 최초로 AI의 안전한 활용을 모색하는 국제회의인 AI 안전성 정상회의를 개최하고, 블레츨리 선언(Bletchley declaration) 합의문 발표를 주도했다. 블레츨리 선언은 AI 안전을 보장하기 위해 포용적인 접근 방식의 중요성과 포용적 AI와 디지털 격차 해소를 강조한다. 필요에 따라 국제 협력 시 다양한 파트너를 참여시키고, 개발 도상국의 AI 역량 강화를 지원하며, AI의 촉진적인 역할을 활용하는 개발 지향적(development-oriented) 접근을 명확히 하고 있다.

이런 점으로 볼 때, 영국은 AI 발전으로 발생한 기회와 위험 요인에 주목하고, AI 위험을 해소하기 위한 글로벌 AI 협력, 안전성 평가, 투명성 제고 등을 중요하게 다루고 있다. 영국은 AI 안전성 정상 회의를 계기로, 개발 도상국이 AI를 활용해 시급한 과제를 해결하고 AI 기술의 혜택을 전 세계가 공평하게 누리게 하고자 2023년 안전하고 책임 있는 AI(AI for Development) 프로젝트를 발표했다.

영국 과학혁신기술부는 2025년 AI의 이점을 실현하기 위해 'AI 기회 행동계획(AI Opportunities Action Plan)'을 발표했다. 이 계획은 AI 활성화 기반 마련, AI 수용, 자체 AI 개발이라는 세 분야를 중심으로 구성되어 있다. 영국은 글로벌 AI 시장에서 경쟁력 강화를 위해 정부 차원의 적극적인 정책 개입과 투자가 필요하다고 인식하고 있다. 영국 정부는 AI의 급격한 발전 속에서 영국이 세계 AI 시장을 선도하기 위한 전략적 방향을 제시할 계획을 발표했다. 이 계획은 AI 활성화를 위한 기반 조성, AI를 통한 생활 변화, AI 연구 및 개발 지원 확대라는 세 가지 목표로 구성되어 있다.

한편 일본은 구체적인 법률보다는 가이드라인과 AI 전략 회의를 통한 논의가 주를 이룬다. 2023년 AI에 대한 최초의 글로벌 정상 회담인 AI 안전성 정상 회의(AI Safety Summit)를 개최하여 주요국 사이에서 중개자로서 AI 규제 논의를 주도했다. 특히 일본은 AI 안전 연구소를 설립해 국제 파트너와 협력하여 AI의 안전 표준, 평가 방법론 및 우수 사례를 개발함으로써 AI의 책임 있는 사용을 보장하기 위해 노력하고 있다.

캐나다는 「AI및데이터법(AIDA)」을 통해 고위험 AI 시스템에 대한 규제를 중점적으로 다루고 있으며, 법안 발효 전까지 자발적 행동 강령을 통해 산업 자율 규제를 추진하고 있다. 캐나다 정부는 2023년 생성형 AI 시스템의 개발 및 관리를 위한 행동 강령을 발표해 캐나다 AI 산업에 공통 표준 제공했으며, 생성형 AI를 책임감 있게 개발하고 사용하고 있음을 자발적으로 입증할 수 있도록 유도하고 있다.

독점과 자본주의

자본주의 시장에서 독점의 제한과 건전한 경쟁, 다양성은 건전한 시장을 만드는 중요한 요소다. 이런 관점에서 AI 시장도 예외일 수 없다. 미국 연방거래위원회(federal trade commission, FTC) 및 법무부는 엔비디아(NVIDIA)의 AI 반도체 독점, 마이크로소프트의 인플렉션 AI(Inflexion AI) 우회 인수 시도, 오픈AI(OpenAI) 대상 반독점 위반 여부에 대한 조사를 이미 발표했다. 이는 2024년 1월 미국 연방거래위원회가 오픈AI, 마이크로소프트, 알파벳(Alphabet), 아마존, 앤트로픽(Anthropic)에 생성형 AI 및 클라우드 서비스 제공 관련 투자 · 파트너십 정보를 공개하도록 한 명령의 후속 작업으로 이루어진 조치다. 정부는 빅 테크 기업이 AI 모델 훈련에 사용되는 데이터에 대한 접근 권한, 생성 AI가 창의적 작업(creative work) 시장에 미치는 영향, 기업 간의 파트너십 등 AI에 대한 다양한 우려를 공개적으로 표명하고 있다.

이미 유럽연합 집행위의 「디지털시장법(Digital Markets Act, DMA)」과 AI 규제 등이 실리콘 밸리의 빅 테크 기업들을 정조준하고 있는 상황에서, 미 경쟁 당국의 반독점 규제까지 가미되며 산업계의 이목이 집중되는 상황이다.

한편 2024년 12월 프랑스 경제재정산업부는 AI 주요 분야에서 프랑스의 경쟁력을 진단한 AI 가치 사슬(value chain)에 대한 보고서를 발표했다. AI 가치 사슬은 AI 시스템 및 서비스 개발에 필요한 자원(컴퓨팅, 데이터, 인력 등), AI 모델 개발, 최종 사용자 대상 배포 등 3개로 분류된다. 보고서는 프랑스가 우수 인력과 AI 혁신 생태계를 보유하고 있으나, AI 모델 개발 및 배포 분야에서는 소수의 미국 빅 테크 기업이 이를 독점한다고 평가했다.

프랑스는 반도체 제조와 컴퓨팅 용량은 부족하지만 우수 인력과 혁신 생태계 보유하고 있으며, 소수의 미국 빅 테크 기업이 시장을 지배하고 기존의 영향력을 강화한다고 지적하고 있다. 즉, 소수의 빅 테크 기업은 자신들의 기존 네트워크를 활용해 AI 설루션 시장에서도 영향력을 강화하고 있다. 결국 소수 빅 테크 기업의 시장 지배는 경제적 효율성, 경쟁 및 국민 주권에 대한 위기이며 AI를 활용한 부가 가치 및 생산성 향상에도 부정적 영향을 미친다고 지적하고 있다. 결국 프랑스는 우수 인력 육성 · 훈련 분야를 제외한 AI 가치 사슬 전 분야에서 미국 기업의 지배력을 강하게 인식하고, AI 가치 사슬 전 분야에서 미국과 동등하게 경쟁하기보다는 강점을 유지하면서 약점을 일부 보완하는 정책을 추진 중이다. 예컨대 AI 산업을 선도하는 미국 거대 기업과 경쟁이 가능한 프랑스 기업의 등장이 현실적으로 어려운 환경에서 AI 스타트업 육성 지원에 집중하고 파리를 중심으로 AI 생태계를 강화해 우수 인재가 프랑스 내에서 AI 모델을 연구 · 개발할 수 있는 환경의 조성에 집중하고 있다.

AI를 둘러싼 국가 간 경쟁은 차별화된 전략을 만들고 있다. AI의 경제적 파급력을 고려한 산업 진흥도 중요하지만, 시장의 독점과 건전한 자본주의 원칙을 훼손하는 것은 이 분야도 예외일 수 없다. AI 시장이 거대화, 복잡화되고, 인수 합병이 가속화할 경우 독점과 경쟁 제한의 문제의 중요성은 더욱 커질 전망이다.

참고문헌

김소연(2024.5.23). 미국·유럽 규제 움직임에…일본도 'AI 규제법' 만든다. ≪한겨레≫, https://www.hani.co.kr/arti/international/japan/1141749.html

윤고은(2023.10.19). 中, 美제재 확대하자 "모든 나라 AI개발 동등 권리·기회" 촉구. ≪연합뉴스≫, https://www.yna.co.kr/view/AKR20231019060900074

이해원(2024). 유럽연합 인공지능법: 주요 내용과 시사점. 스타트업 얼라이언스.

한국지능정보사회진흥원(2022). 캐나다, 인공지능 및 데이터 법안의 주요 내용 및 시사점.

KISTEP(2024). EU 인공지능(AI) 규제 현황과 시사점.

KOTRA(2024). 일본의 AI 정책과 실제 사례.

Kostyukova, K. S.(2019). Digital transformation policy in Japan: the case of artificial intelligence. *MIR(Modernization. Innovation. Research), 10*(4), pp.516-529.

Muhammad, A. E. & Yow, K. C.(2023, 9). Demystifying Canada's Artificial Intelligence and Data Act(AIDA): The good, the bad and the unclear elements. In *2023 IEEE Canadian Conference on Electrical and Computer Engineering(CCECE)*(pp.510-515). IEEE.

Roberts, H., et al.(2021). *The Chinese approach to artificial intelligence: an analysis of policy, ethics, and regulation*(pp.47–79). Springer International Publishing.

09
기회와 신격차의 서막

개도국에서 글로벌 AI 확산은 도약을 위한 기회인가? 신격차의 시작인가? AI의 보편화와 낙관적 기대 속에 현실은 국가 간 새로운 격차를 유발하는 출발점이 되고 있다. 따라서 이를 막기 위한 국제 사회의 노력이 필요하다.

AI와 화장품?

AI와 낙관론

AI 기술, 즉 생성형 AI와 각종 AI 기술의 대중화와 일상화가 급속히 진행되고 있다. 그러나 AI 기술이 보편적으로 대중화되고 궁극적으로 포용 사회를 만들고 국가 간 격차를 해소할 것인가?

개발 도상국에서 디지털 기술의 확산은 사회 전반에 걸쳐 혁신적인 변화를 일으키고 있다. 대표적으로 코로나 이후 해외여행이 활성화되면서 개도국에서도 모바일을 이용한 간편 결제(QR)가 가능해져 현금 없는 거리가 보편화되고 있다. 그러나 디지털 대전환을 넘어 AI 시대에 개도국의 격차는 해소될 수 있을까? 2024년 국제전기통신연합(ITU) 자료에 따르면, 전 세계 26억 명의 사람이 여전히 인터넷에 접속하지 못하고 있다. 그뿐만 아니라 선진국에서는 90% 이상이 인터넷을 쓰지만 저소득 국가에서는 이용률이 25%에 불과하다. 전 세계 인구의 8~9%에 해당하는 약 6억7500만 명이 전기에 대한 접근이 불가능하며, 특히 2022년 기준 전체 글로벌 전기 접근성 부족 인구의 83.3%를 사하라 이남 아프리카가 차지한다.

다양한 주장이 있지만 AI 시대에는 개발 도상국과 선진국 간 격차가 더욱 큰 문제가 될 것으로 예측된다. 구체적으로 AI 시대를 기반으로 한 격차는 현재의 디지털 격차를 넘어 신인공지능 격차를 만들고 국제 사회의 새로운 문제를 형성할 가능성이 많다.

대표적으로 ≪디 이코노미스트(The Economist)≫는 AI가 개도국 발전에 유리한 이유를 세 가지로 제시하고 있다. 첫째, 기술이 빠르게 발전하고 있다는 점이다. 둘째, 기술이 빠르게 확산할 잠재력이 있다는 점이다. 새로운 기술이 일반적으로 그렇듯이 부유한 국가가 먼저 혜택을 볼 것이다. 그러나 AI 모델을 훈련하는 비용이 낮아지면 가난한 국가에 기술을 제공하는 비용이 최소화될 수 있다. 새로운 기기가 필요하지 않고, 많은 국가가 이미 소유하고 있는 스마트폰만 있으면 된다. 셋째, 개발 도상국에 숙련된 노동자가 부족하다는 점이다. 교사, 의사, 엔지니어 또는 관리자가 부족하다. AI가 기존 노동자를 대체하는 것이 아니라 생산성을 높이는 데 도움을 줌으로써 이러한 부족을 완화할 수 있다. 이를 통해 전반적인 건강과 교육 수준을 높일 수 있다. AI가 일부 일자리를 없앨 수도 있지만, IMF는 가난한 국가의 노동 시장이 부유한 국가의 노동 시장보다 덜 혼란스러울 것이라고 예측하고 있다. 또 다른 가능성은 AI가 가난한 지역에 최신의 데이터를 제공해 모든 종류의 개발 작업을 지원할 수 있다는 것이다.

글로벌 AI 격차의 위기

그러나 디지털 인프라 구조가 취약한 개발 도상국에서 선진국에서와 동등하게 AI가 보편화될 것인가 하는 점에서는 회의적이다. AI의 등장은 글로벌 차원에서 기존의 디지털 격차를 연장 · 심화하거나, 전혀 다른 길을 갈 수 있다. 개발 도상국에서는 전기와 에너지, 데이터 센터, 인적 자원 등 사회적 기본 시설과 디지털 인프라가 부족해 AI의 발전을 저해하고, 궁극적으로 국가 간 AI 격차를 유발할 수 있다. 특히 AI 기술의 투자 부족은 선진국과 기존의 디지털 격차를 심화하고 신격차를 유발하는 원인이 될 수 있다. 이러한 점에서 경제협력개발기구(OECD), 유엔(UN), 유네스코(UNESCO), 국제전기통신연합(ITU) 등 국제기구를 비롯해 양 · 다자간 협의체에서도 지속 가능하고 포용적인 AI의 개발과 활용, 거버넌스 구축의 중요성을 강조하고 있다는 점은 주목할 만하다. 국제 사회는 '혜택의 공평한 분배(equitable distribution of benefits)', '포용(inclusiveness)', '지속 가능성(sustainability)' 등 AI의 역할에도 주목하고 선제적인 관심과 대응을 강화하고 있다.

대표적으로 유엔은 AI를 혁신의 도구를 넘어, 2030년까지 달성을 목표로 추진하는 지속 가능 발전 목표(sustainable development goals, SDGs)를 지원하고, 사회 문제 해결과 지속 가능한 발전을 위한 도구로 주목하고 있다. 2024년 안토니우 구테흐스(António Guterres) 유엔 사무총장은 "오늘날 AI 역량은 소수의 강력한 기업과 국가에 집중되어 있는 한편, 많은 국가가 AI 도구에 접근하는 데 상당한 어려움을 겪고 있다. 적절한 안전장치가 없다면, AI는 불평등과 디지털 격차를 더욱 심화하고 가장 취약한 사람들에게 불균형적으로 영향을 미칠 수 있다"라고 경고했다. 또한 유엔 AI 고위급 자문 기구 보고서는 AI 기술 혜택이 전 세계적으로 균등하게 분배되지 않고 있으며, 특히 개발 도상국과 선진국 간 AI 격차는 확대되고 기존의 디지털 격차를 더욱 심화할 위험이 있다고 지적한다. 특히 AI 모델이 영어 중심으로 개발됨에 따라 소수 빅 테크 모델 의존도가 높아지고, 문화 왜곡이 발생하거나, 소수 언어 사용자들이 AI 기술 혜택에서 소외될 수 있다는 우려도 확산하고 있다. 이러한 점에서 각국에서 자국이 기술을 중심으로 자체 AI 모델을 개발하고 있는 것은 주목할 만하다.

그러나 전 세계적으로 글로벌 AI 거버넌스 관련 논의

가 활발히 이뤄지고 있다. 최근 몇 년간 논의된 OECD AI 원칙(2019), G20 AI 원칙(2019), 유럽 평의회 AI 협약 초안 그룹(2022~2024), GPAI 선언(2022), G7 장관 성명(2023), 블레츨리 선언(2023), 서울 장관 성명(2024) 등 소위 7대 글로벌 AI 거버넌스 이니셔티브가 대표적이다. UN AI 고위급 자문 기구는 개발 도상국이 주요 이니셔티브 논의에서 소외되고 있으며, 글로벌 AI 거버넌스에 격차가 존재한다고 지적한다. 7대 글로벌 AI 거버넌스 이니셔티브 가운데 7개 이니셔티브에 모두 참여하는 국가는 7개국뿐이며, 118개국(주로 개발 도상국)은 어느 이니셔티브에도 참여하지 않고 있다. 2020년대 AI는 기업의 혁신과 생산성 증대, 일자리 창출, 소비자 후생 증대, 정부의 업무 효율성 제고 등 다양한 면에서 활용되며, 투자도 급속히 확대되고 있다. 그러나 보편화되고 일상화되고 있는 AI 기술이 개발 도상국에서는 새로운 격차를 유발하는 계기가 될 수 있다. 이런 점에서 AI 기술의 보편화는 사회적 계층을 고려한 보급·확산뿐만 아니라 국가 간 격차를 예방하려는 국제 사회의 관심과 선진국의 노력에 의해 실현될 수 있을 것이다.

참고문헌

한국정보화진흥원(2024). The AI Report: 지속 가능하고 포용적인 글로벌 AI 생태계 구축 방안-개발 도상국의 AI 기회와 도전을 중심으로.

Carter, L., et al.(2020). Exploring the intersection of the digital divide and artificial intelligence: A hermeneutic literature review. *AIS Transactions on Human-Computer Interaction, 12*(4), pp.253-275.

Jelinek, T., et al.(2021). Policy brief: the creation of a G20 coordinating committee for the governance of artificial intelligence. *AI and Ethics, 1*(2), pp.141-150.

Kitsara, I.(2022). Artificial intelligence and the digital divide: From an innovation perspective. In Ahmed Bounfour(Ed.), *Platforms and artificial intelligence: The next generation of competences*(pp.245-265). Cham: Springer International Publishing.

Mandon, P.(2025). Beyond the AI Divide. *World Bank Open Knowledge.*

The Economist(2024). Could AI transform life in developing countries? Optimists hope it will ease grave shortages of human capital, https://www.economist.com/briefing/2024/01/25/could-ai-transform-life-in-developing-countries

Wang, C., et al.(2024). The artificial intelligence divide: Who is the most vulnerable?. *New Media & Society*, 14614448241232345.

10
진흥과 규제: 한국식 모델

디지털 선도국으로서 한국의 AI 전략은 유럽이나 미국식 모델과는 다른 한국 고유의 특성을 고려한 제3의 모델을 추구하고 있다. 규제와 진흥이라는 정책의 양면성을 동시에 추구해야 하는 과제를 안고 있다.

종교와 AI?

국가 경쟁력

한국은 정부와 기업, 연구자가 함께 AI 혁신에 국가적 총력을 기울이고 있다. 2024년 대통령을 의장으로 하는 국가인공지능위원회를 발족했으며, 아울러 국가AI컴퓨팅센터 구축을 골자로 AI 컴퓨팅 인프라를 대폭 확충할 계획을 수립하고, 2024년부터 민간의 AI 분야 총 65조 원 규모 투자 계획을 발표했다.

디지털 강국으로서 AI 시대를 선도하는 한국의 목표는 분명하다. 한국은 AI 융합을 공공, 산업, 지역 등 국가 전반으로 확산하고, AI 안전 · 안보 역량 확보와 글로벌 AI 리더십 확보 등 다양한 전략을 수립하고 이를 적극 추진하고 있다. 또한 2024년 'AI 서울 정상 회의'를 개최하는 등 AI 관련 새로운 규범 정립과 국제적 연대 강화에 힘쓰고 있다. 특히 2023년 11월 영국의 AI 안전성 정상회의에서 발표한 '블레츨리 선언(Bletchley declaration)'이 AI의 안전을 강조한 데 반해, 한국은 2024년 정상급 선언문 '서울 선언'을 통해 혁신, 포용 등 더 넓은 가치를 포괄하는 글로벌 AI 거버넌스 기준을 주도적으로 제시했다. 2024년 국내 AI 안전 전담 기관인 AI 안전연구소를 출범했으며, 이를 통해 국가 AI 안전 관리 체계를 구축하고 나아가 글로벌 AI 안전 협력의 대표 거점으로 육성할 계획이다.

특히 수년간의 노력에도 불구하고 사회적 이슈로 인해 입법화에 실패한 「인공지능기본법」이 2024년 국회를 통과했다. 「인공지능기본법」은 AI 산업 진흥(AI 중소기업 지원, 창업 활성화 등), AI 거버넌스(국가 AI 위원회, AI 안전 연구소 등), AI 안전 · 신뢰 보장(고영향 AI 위험 관리 · 이용자 보호 등) 등의 규정을 균형 있게 담고 있으며, 한국의 AI 경쟁력 향상의 기본적인 프레임워크가 될 것으로 기대되고 있다.

혁신과 성장 정책

한국의 AI 전략은 다음 네 가지 정책 패러다임을 반영하는 특징이 있다.

첫째, AI 기업 · 연구자들이 자체적으로 해결하기 어려운 AI 인프라 확충과 대형화 · 집적화를 추진한다. 과거 다양한 정보화 · 디지털화 정책 추진 과정에서 나타났듯이, AI 국가 정책은 시장 실패를 보완하는 영역에 우선 투자하고, 공공 부문의 선도적 투자를 통해 시장 발전을 유도하는 특징을 가지고 있다.

둘째, 민간 투자 확대와 병행하여, 세제 지원, 데이터 활용 규제 혁신 등 AI 혁신을 가속화할 수 있는 법 · 제도 기반(enable policy for AI) 마련 추진을 특징으로 한다. 정부 재정 투자를 통해 AI 산업 성장 마중물 역할을 수행하며, 민간 투자 확대를 위한 법·제도 개선을 목표로 하고 있다. 2010년대 후반 디지털 대전환 과정에서 미흡한 제도는 혁신을 주도하는 민간의 역할을 저해하는 요인으로 비판받았다. 시장의 신속한 요구를 대변하는 제도가 규제 샌드박스라고 한다면, AI 시대 규제 개선은 이러한 시행착오를 예방하고 개선하는 것으로 또 다른 국가의 역할이며 책무라고 할 수 있다.

셋째 특징은 전 국가적인 AI 확산(full-fledge AI)의 도모다. 한국은 견고한 디지털 인프라와 기술, 민간의 뛰어난 역량, AI 혁신 역량을 기반으로 산업과 공공 전반의 AI 활용을 확대하고 사회 문제 해결에 적용하며, AI를 국가 인프라로 전면화하는 특징이 있다. 한편 개인 정보 규제 혁신, 저작물 활용 촉진 등을 통한 AI 데이터 확충, 네트워크 고도화·전력망 확충 등을 통한 트래픽·전력 수요 증가에 대응하고 있다.

과거 20여 년간 국가 차원의 디지털 추진 과정에서 보았듯이, AI를 기반으로 하는 기술 변화를 수용하는 것은 1개 국가 기관, 1개 조직, 1개 사회 영역의 문제가 아니다. 산학연은 물론 전 국민에게 폭넓게 영향을 미치는 기술이 성공적으로 발전하고 자리를 잡기 위해서는 협력과 기반을 바탕으로 한 전 사회의 수용과 역량이 필요하다. 「디지털포용법」과 같은 법·제도적 기반을 마련하여, 전 국민의 AI 접근성과 활용을 보장하는 데 힘쓰고 있다. 더불어 경쟁적이고 소비자에게 이로운 AI 생태계 조성하고, 공정한 거래 질서 및 정당한 권리 보호 확립을 추진하고 있으며, AI 개발·활용에서의 부당한 차별, 프라이버시 침해 방지를 위한 기반도 적극적으로 조성하고 있다.

다만 전 국가적인 AI 보편화와 상용화 속에서 새로운 격차(가칭 AI 격차)를 선제적으로 예방하는 노력이 필요하다.

마지막으로, 한국이 보유한 AI 분야의 하드웨어·소프트웨어 경쟁력과 제조업 등 강점을 활용해 기업의 글로벌 진출을 지원하고 수익을 창출하며, AI 규범과 기술 분야의 글로벌 리더십을 확보(securing leadership in AI)하는 문제다. 최근의 AI 패러다임 변화에는 국내 기업의 혁신과 노력의 결과도 있지만, 2022년 미국의 오픈AI(OpenAI)와 챗GPT(ChatGPT), 2025년 중국의 딥시크(DeepSeek) 등 글로벌 기업과 국제적 흐름과 기술 혁신의 충격이 큰 역할을 하고 있다.

이러한 환경은 세 가지 큰 정책 딜레마를 남기고 있다. 첫째, 글로벌이 주도하는 AI 혁신 환경에서 한국 기업은 국내 시장에서 어떻게 수익을 창출하고 글로벌 시장으로 진출할 것인가? 정보화 사회 추진 과정에서 구글, 아마존, 메타 등 초공룡 대기업을 거느린 미국이 국가 경쟁력과 기술 패권을 주도하고 있다. 이제 AI 사회에 한국 기업은 어떻게 될 것인가? 한국형 독자 AI 생태계 구축이 가능할 수도 있지만, 국내로 진입하는 글로벌 기업, 글로벌 시스템의 사용자가 증가하는 현실에서 도전과 위기를 맞이하고 있다.

둘째, 글로벌 무한 경쟁 속에서 한국은 AI 분야의 리더가 될 것인가, 추종자가 될 것인가? 한국은 AI 분야에서 우수한 디지털 인프라와 신규 투자를 통해 미국, 중국 다음으로 AI 빅3를 목표로 하고 있다. 글로벌 기술 혁신을 선도하고 치열하게 경쟁하는 양대 국가 환경 속에서 한국은 한국형 모델을 통해 목표를 달성하고 개발 도상국이나 타 선진국을 리드하는 모델이 될 수 있을 것인가?

마지막으로, 새로운 글로벌 규범을 제정하고 실천하는 문제다. AI 시대를 맞아 AI에 대한 책임과 권리의 귀속 관계 등 신질서 정립이 필요한 시점이다. '서울 선언'의 성과를 확산하고 글로벌 AI 거버넌스와 의제를 선도함으로써 글로벌 AI 공동 번영에 기여하고, 우리나라 AI 생태계에 유리한 국제 환경을 조성하기 위해 노력하고 있다. 문제는 현재 각 국가, 주요 국제기구, 지역 협의체 등에서 각자 새로운 규범을 주도하고 있다는 사실이다. 한국적 AI 규범과 윤리가 국제 사회에서 보편적으로 받아들여질 수 있는 방안을 모색하는 일은 또 다른 미완의 과제로 남아 있다.

앞으로의 글로벌 AI 규범은 2025년 파리 정상 회담에서 논의된 방향처럼, 규제와 진흥의 균형을 이루며 한국만의 독자적인 접근법을 모색하는 방향으로 나아가야 할 것이다.

참고문헌

과학기술정보통신부(2024). 국가인공지능 전략 정책방향, https://www.msit.go.kr/bbs/view.do?sCode=user&mId=113&mPid=238&pageIndex=3&bbsSeqNo=94&nttSeqNo=3184952&ref=ai-ethics.kr

과학기술정보통신부(2024). 인공지능 안전에 대한 국제 연대를 주도할 '인공지능 안전연구소' 11월 출범 인공지능 시대를 여는 새로운 인터넷 기반 자원 공유(클라우드) 전략 제시, https://www.msit.go.kr/bbs/view.do?nttSeqNo=3185018&bbsSeqNo=94&mId=113

과학기술정보통신부(2025). 인공지능 행동 정상회의에서 인공지능의 공공성과 지속가능성 논의,

https://www.msit.go.kr/bbs/view.do?sCode=user&mId=307&mPid=208&pageIndex=&bbsSeqNo=94&nttSeqNo=3185446&searchOpt=ALL&searchTxt=

손창용

과학기술정보통신부 국립전파연구원 전파시험인증센터장이다. 영국 런던대학교(University of London) 시티 세인트 조지(City St George's)에서 박사학위를 받았으며 미국 공인회계사(AICPA) 시험에 합격했다. 방송위원회, 방송통신위원회, 미래창조과학부, 과학기술정보통신부의 방송, 인터넷, 융합, 국제협력 분야에서 근무했다. 유엔 아시아·태평양 경제사회위원회(United Nations Economic and social Commission for Asia and the Pacific, UN ESCAP)에서 정보통신 개발 분야 전문가로 근무하면서(2019~2022) 아태 지역 개발 협력 사업을 주도했다. 국립전파연구원에서는 전파환경기획과장, 전파자원기획과장 업무를 수행했으며, 2023년 제9회 대한민국 공무원상을 수상했다. 국제전기통신연합(ITU), 아세안(ASEAN), 아시아·태평양 전기통신협의체(APT), 아시아·태평양 정보통신기술교육원(APCICT) 및 각종 초청 연수(ODA)에서 정보통신 정책 전문가로 활동했다. 주요 저서로 『한국 케이블 TV 산업론』(2002, 2003, 2007), 『공공 미디어의 경제학』(2016) 등이 있으며, 로맨앤드리틀필드(Rowman & Littlefield) 출판사에서 『Digital Technology and Communication Policy in Korea』(2024)를 출간했다.